BEI GRIN MACHT SICH IHR
WISSEN BEZAHLT

Xaver Keller

Uti possidetis

Zur völkerrechtlichen Evolution dieses Begriffs

GRIN Verlag

Bibliografische Information der Deutschen Nationalbibliothek:

Die Deutsche Bibliothek verzeichnet diese Publikation in der Deutschen National-
bibliografie; detaillierte bibliografische Daten sind im Internet über http://dnb.d-
nb.de/ abrufbar.

Impressum:

Copyright © 2010 GRIN Verlag GmbH
Druck und Bindung: Books on Demand GmbH, Norderstedt Germany
ISBN: 978-3-640-96091-0

Dieses Buch bei GRIN:

http://www.grin.com/de/e-book/175244/uti-possidetis

GRIN - Your knowledge has value

Der GRIN Verlag publiziert seit 1998 wissenschaftliche Arbeiten von Studenten, Hochschullehrern und anderen Akademikern als eBook und gedrucktes Buch. Die Verlagswebsite www.grin.com ist die ideale Plattform zur Veröffentlichung von Hausarbeiten, Abschlussarbeiten, wissenschaftlichen Aufsätzen, Dissertationen und Fachbüchern.

Besuchen Sie uns im Internet:

http://www.grin.com/

http://www.facebook.com/grincom

http://www.twitter.com/grin_com

Freie Universität Berlin
Fachbereich Rechtswissenschaften
Seminar: „Völkerrecht und Außenpolitik"

Semester: SS 2010

„Uti possidetis" – Zur völkerrechtlichen Evolution dieses Begriffs

Abgabe: 19.05.2010

Xaver Keller

Politikwissenschaft (Bachelor of Arts)
2. Fachsemester

Inhaltsverzeichnis

Einleitung

Uti possidetis (lat. für „Wie ihr besitzt") ist im Völkerrecht ein gemeinhin bekanntes Schlagwort, das meist mit der Unveränderlichkeit existierender Staatsgrenzen in Verbindung gebracht wird. Bei der genaueren Untersuchung zur Bedeutung des Begriffs ergeben sich jedoch einige Schwierigkeiten. Zum besseren Verständnis bietet das folgende Referat einen Überblick über die Entwicklung des Begriffs *uti possidetis* und untersucht seine völkerrechtliche Bedeutung.

1) *Uti possidetis* im römischen Recht und erste Anwendungen im Kriegsvölkerrecht

Seinen Ursprung hat der Begriff *uti possidetis* nicht im Völkerrecht, sondern im Eigentumsrecht des alten Roms. Es handelt sich um eine verkürzte Form des Satzes „*Uti possidetis, ita possideatis.*" (lat. „Wie ihr besitzt, so sollt ihr besitzen"). Hierbei handelt es sich um einen prätorianischen Befehl zum Schutz des Besitzes von Immobilien. Das ausführliche Edikt des Kaisers Hadrian lautet: „*Uti nunc aedes, quibus de agitur, nec vi nec clam nec precario alter ab altero possidetis, quo minus ita possideatis, vim fieri vero.*" (Ich verbiete euch, Gewalt anzuwenden, mit dem Ziel, dass ihr nicht mehr so besitzt, wie ihr das Grundstück, um das gestritten wird nun besitzt, ohne dass der eine es vom anderen durch Gewalt, heimlich oder durch Bittleihe erlangt hat.)

Ziel dieses Interdikts war, für das Verfahren den Besitzer einer Sache festzustellen, dieser wird somit in der Herausgabeklage, der *actio vindicatio*, zum Beklagten, im römischen Recht die vorteilhafte Position. Allerdings klärt *uti possidetis* die Eigentumsfrage nicht endgültig, sondern lediglich vorläufig (bis zum Urteil) und erfordert eine spätere Entscheidung. Außerdem muss der Eigentumserwerb gewisse Bedingungen erfüllen: Keine Gewaltanwendung, keine Heimlichkeit sowie keine Bittleihe. (Vgl. Weber, 1999: S. 3)

Im frühen Kriegsvölkerrecht erfuhr *uti possidetis* seine erste Anwendung auf Staatsgrenzen, der Bereich, auf den es noch heute angewendet wird. Es gibt im Kriegsvölkerrecht zwei grundlegende Ansätze, mit territorialen Veränderungen durch Kriege umzugehen: *Status quo ante bellum* und *Status quo post bellum*. Erster bedeutet, zur territorialen Lage vor Kriegsbeginn zurückzukehren, zweiter bedeutet, territoriale Veränderungen im Krieg nach Friedensschluss festzuschreiben. Dieser (zweite) Ansatz wird auch als *Uti possidetis* bezeichnet:

> „By the principle commonly called that of *uti possidetis* it is understood that the simple conclusion of peace, if no express stipulation accompanies it, or in so far as express stipulations do not extend, vests in the two belligerents as absolute property whatever they respectively have under their actual control in the case of territory." (Hall, 1924: S. 46)

Das *uti possidetis* des frühen Kriegsvölkerrechts unterscheidet sich damit bereits stark von *uti possidetis* im römischen Recht: Einerseits sind die Besitztitel nicht, wie in der römischen Bedeutung, vorübergehend, sondern haben endgültigen Charakter. Andererseits existieren keine Bedingungen bezüglich der Rechtmäßigkeit des Besitzerwerbs (*nec vi nec clam nec precario* in der römischen Form), sodass diese Form des *uti possidetis* eine Legitimationsquelle für unrechtmäßigen Gebietserwerb darstellt, etwa unter Gewaltanwendung.

Die allgemeine Anerkennung des Gewaltverbotes, insbesondere Art. 2 (4) der UN-Charta, macht diese Form des *uti possidetis* gegenstandslos (Vgl. Simmler, 1999: S. 36)

2) Exkurs: Entstehung völkerrechtlicher Regeln

In der Literatur finden sich verschiedene Bezeichnungen für *uti possidetis*. Die häufigsten sind Prinzip, Theorie und Doktrin. Der uneinheitliche Sprachgebrauch weist auf ein wesentliches Problem in Bezug auf *uti possidetis* hin: Seine völkerrechtliche Geltungskraft. Da es sich um kein klar formuliertes, positives Gesetz des Völkerrechts handelt, muss untersucht werden, auf welchen Weg ihm dennoch völkerrechtliche Geltung zukommen kann. Zu diesem Zweck sollen im folgenden kurz Möglichkeiten zur Entstehung völkerrechtlicher Regeln vorgestellt werden, die für *uti possidetis* in Frage kommen, um dann anhand empirischer Beispiele den Rechtscharakter von *uti possidetis* bestimmen zu können.

a) Prinzip

In der Literatur wird meist von einem „*uti possidetis*-Prinzip" gesprochen. Im Gegensatz zu einer Doktrin oder einer Theorie, ebenfalls häufig verwendete Bezeichnungen für *uti possidetis*, besitzt ein Prinzip gewisse völkerrechtliche Bedeutung. Eine eindeutige, verbindliche Legaldefinition existiert jedoch nicht, deshalb sollen nun zwei Möglichkeiten aufgezeigt werden, wie ein Prinzip rechtliche Geltungskraft erlangen kann.
Einer Definition sehr nahe kommt Art. 38 I c IGH-Statut; dieser benennt „general principles of law" als mögliche Völkerrechtsquelle neben Vertragsrecht und Völkergewohnheitsrecht. Umstritten ist jedoch der Inhalt sowie die Rechtsqualität solch eines Prinzips. So wurde bereits zur Zeit des Statut-Entwurfs gestritten, ob der IGH sich auf Regeln beschränken muss, die dem Konsens der Staaten entspringen, oder – im Gegensatz zu diesem eher positivistischen Ansatz eine naturrechtliche Sicht, vertreten z.B. durch Baron Descamps – bereits Regeln anwenden kann, die der „objective justice" entspringen (Vgl. Simmler, 1999: S. 37). Die bis heute herrschende Ansicht stellt einen Kompromiss zwischen diesen beiden Sichtweisen dar und bezeichnet „general principles" als „bestimmte, allen innerstaatlichen Rechtsordnungen gemeinsame Regeln, soweit sie auf die Beziehung zwischen Staaten anwendbar sind" (Ebd.: S. 37f.). Das heute vorherrschende Verständnis von *uti possidetis* im Sinne unveränderbarer Grenzen stellt wohl kaum ein Prinzip in diesem Sinne dar, dem eine entsprechende, allen Staaten gemeinsame, nationalrechtliche Regelung zugrunde liegt.
Eine weitere Möglichkeit, einem Prinzip völkerrechtliche Geltungskraft zu verleihen, wäre als „general principle of international law". Der Unterschied zu den oben genannten „general principles of law" liegt hierbei darin, dass im Gegensatz zu diesen die „general principles of international law" nicht aus nationalen Rechtsordnungen übernommen werden, sondern sich direkt aus den internationalen Beziehungen entwickeln. Hierbei muss unterschieden werden zwischen „,Rechtsprinzipien', die aus geltenden Rechtsregeln abgeleitet sind und damit deren Rechtscharakter besitzen" und den „noch nicht zu Recht erstarkten ‚politischen Prinzipien', die den noch unverbindlichen Absichtserklärungen zugerechnet werden können" (ebd.: 40). Die Frage, inwieweit *uti possidetis* einem dieser zwei Kategorien zugeordnet werden kann und welche Rechtsqualität *uti possidetis* damit im jeweiligen Zusammenhang zuzuschreiben ist, wird in der Literatur nicht geklärt.

b) Völkergewohnheitsrecht

Deutlich häufiger als generelle Rechtsprinzipien wird in Bezug auf *uti possidetis* in der Literatur von Völkergewohnheitsrecht gesprochen. Hierbei handelt es sich neben völkerrechtlichem Vertragsrecht um die Hauptquelle von Völkerrecht. Zur Entstehung von Völkergewohnheitsrecht existieren etliche unterschiedliche Theorien. Trotz der sehr uneinheitlichen Sichtweisen besteht weitestgehend Einigkeit darüber, dass zur

Bildung von Völkergewohnheitsrecht zwei Elemente seitens der Völkerrechtssubjekte notwendig sind: Deren (objektive) Praxis sowie deren (subjektive) Rechtsüberzeugung.

(Staaten-)Praxis

Die Praxis umfasst jegliches Handeln oder Unterlassen der Völkerrechtssubjekte und der internationalen Organisationen: Staaten, internationale Organisationen und Gerichte bzw. Schiedsgerichte; jedoch nicht natürliche und juristische Personen des Privatrechts. (Der gemeinhin verwendete Begriff „Staatenpraxis" ist also insofern unzureichend, als er das Handeln anderer Völkerrechtssubjekte neben Staaten nicht mit einschließt.) Zur Bildung von völkergewohnheitsrecht sind nicht nur tatsächliche Handlungen der Staaten entscheidend, sondern auch Statements, diplomatische Noten, Parlamentsbeschlüsse etc., also auch ursprünglich nationales Recht, das im internationalen Kontext völkerrechtliche Bedeutung erlangt (Vgl. Bleckmann, 1982: S. 110f.). Damit die (Staaten-)Praxis eine gewisse Signifikanz aufweist, werden an sie die beiden Bedingungen Dichte und Frequenz gestellt. Diese sind jedoch nicht klar definiert, was dazu führt, dass manche Völkerrechtssätze auf nur einem einzigen Präzedenzfall beruhen. Es bedarf also jeweils juristischer Wertung bezüglich der Dichte sowie der Frequenz der (Staaten-)Praxis. Da Völkerrecht gemäß UN-Charta an Gerechtigkeit ausgerichtet werden muss, muss diese Wertung jedoch an gewisse Maßstäbe gebunden sein, die dafür Sorge tragen, dass die Praxis einzelner Staaten sich der volonté générale aller Staaten annähern,. Deshalb ist entscheidend, dass einerseits die Zahl der Staaten, die sich zu der Praxis äußern, möglichst groß ist, andererseits, dass der jeweilige Staat eine objektive Wertung des Rechtssatzes vornimmt, etwa durch Einholung juristischer Gutachten oder die Anhörung von Sachverständigen durch die UN oder das Parlament. Eine objektive Wertung ist ebenso anzunehmen, wenn ein Staat die Existenz eines Rechtssatzes anerkennt, der im konkreten fall gegen seine eigenen Interessen spricht (Vgl. ebd.: S. 114).

Rechtsüberzeugung

Neben der Praxis der Völkerrechtssubjekte ist zur Bildung von Völkergewohnheitsrecht deren Rechtsüberzeugung (*opinio juris*) von Interesse. Diese ist in der Regel schwieriger festzustellen als die Praxis. Sie zeigt sich vergleichsweise klar, wenn Völkerrechtssubjekte die Existenz einer entsprechenden Regel behaupten, weiterhin ist sie zu finden in multilateralen Verträgen, in bilaterale Verträge mit über die bilateralen Beziehungen hinausgehenden Verpflichtungen, in Äußerungen auf internationalen Konferenzen sowie in Resolutionen internationaler Organisationen. (Ausführlicher: Ebd.: S. 119ff.).

c) Partikuläres Völkergewohnheitsrecht

Einen Sonderfall des Völkergewohnheitsrechts stellt das sogenannte partikuläre Völkergewohnheitsrecht dar (alternative Bezeichnungen sind lokales, spezielles oder regionales Völkergewohnheitsrecht)

Die Entstehung entspricht in etwa der des universellen Völkergewohnheitsrechts, jedoch sind davon nicht alle Staaten, sondern nur eine begrenzte Anzahl betroffen. Damit ein Staat in den Geltungsbereich einer partikulären Regel fällt, muss er sich dieser mindestens konkludent durch „*tacit consent*" angeschlossen haben. Gegebenheiten wie die regionale Zugehörigkeit eines Staates zu einer Staatengemeinschaft oder zu einem Kontinent kann jedoch nicht per se die Zugehörigkeit zu einer Regel des partikulären Völkergewohnheitsrechts nach sich ziehen (Vgl. Schachter, 1991: S. 12). Bei Widersprüchen zwischen partikulärem und universellem Völkergewohnheitsrecht geht das partikuläre aufgrund der Herrschaft der Staaten über die Völkerrechtsordnung dem universellen vor. (Vgl. Simmler, 1999: S. 44). Eine Ausnahme bildet *ius cogens*, also zwingendes Völkerrecht, das nicht verändert werden kann, wie z.b. der Kern des Gewaltverbots, das Verbot des Völkermordes sowie elementare Menschenrechte.

3) *Uti possidetis* und Dekolonisation bzw. Fremdherrschaft

Von großer Bedeutung war der Begriff *uti possidetis* bei der Erlangung der Unabhängigkeit ehemaliger Kolonien. Dieser Prozess soll für die Kontinente Lateinamerika, Afrika und Asien jeweils kurz dargestellt werden und anschließend wird jeweils aufgezeigt, inwieweit *uti possidetis* dabei eine Rolle spielte.

a) Lateinamerika

Von *uti possidetis* wird in sehr vielen Fällen in Bezug auf die Dekolonisation Lateinamerikas gesprochen. Im folgenden soll diese näher betrachtet werden.

<u>Hintergrund</u>

Die Kolonien in Lateinamerika müssen unterschieden werden zwischen portugiesischem und spanischem Teil. Während es sich bei der portugiesischen Kolonie mit Brasilien um einen großen Staat handelte, waren die spanischen Kolonien in viele verschiedene Verwaltungseinheiten eingeteilt. Die größte hiervon stellten die vier Vizekönigreiche (*„Virreinatos"*) wie Neuspanien oder Peru dar. Zur Sicherung der militärischen Herrschaft Spaniens gab es Militärbezirke, die sogenannten *capitanias generales*, z.B. Chile oder Yucatan. Zur Abwicklung der Rechtsprechung richtete Spanien übergeordnete Gerichtsbezirke (*„Audiencias"*) ein, z.B. Mexiko oder Quito. Daneben existierten eine große weitere Zahl administrativer Einheiten, die zu behandeln den Rahmen dieses Referats sprengen würde.

Anfang des 19. Jahrhunderts erlangte die Mehrheit der lateinamerikanischen Kolonien die Unabhängigkeit, die meisten davon in den Jahren zwischen 1810 und 1824. Dabei wurden stets die Grenzen der bisherigen Staaten, die von den Kolonialherren gezogen worden waren, beibehalten, eine Praxis die man *uti possidetis* nannte. Abzugrenzen ist *uti possidetis* dabei von zwei anderen Begriffen: Einerseits vom Begriff der „territorialen Integrität", der ein prinzipielles und universelles Prinzip darstellt, das gemeinsam mit der Unverletzlichkeit der Grenzen die notwendige Korrelante zum Gewaltverbot darstellt. Andererseits vom Begriff der „Unveränderbarkeit und Unberührbarkeit der Grenzen", die jegliche territorialen Veränderungen gewissermaßen verhindern. (Vgl. Weber, 1999: S. 20)

<u>Zentrale Ziele</u>

Das Handeln nach diesem *uti possidetis*-Grundsatz sollte im Wesentlichen dem Erreichen zweier Ziele dienen: Einerseits wollte man durch die Beibehaltung der bereits Jahrhunderte existierenden Grenzen Streitigkeiten zwischen den neu entstandenen Staaten über den Grenzverlauf verhindern und damit verbundene Gefahren für die Stabilität der Staaten unterbinden. Andererseits diente die Beibehaltung der kolonialen Grenzen dem Schutz vor erneuten Kolonialisierungsversuchen. Indem die neu entstandenen Staaten sämtliche Gebietsansprüche der Kolonialherren übernahmen, die sich über den gesamten Kontinent erstreckten, leugneten sie die Existenz von *terra nullius*, von unbewohntem und vor allem unverwaltetem Land, das von europäischen Mächten okkupiert werden könnte. Diese Absicht wird beispielsweise im Schiedsspruch des Schweizer Bundesrates von 1922 zur Grenzziehung zwischen Kolumbien und Venezuela erklärt:

> „This general principle offered the advantage of establishing an absolute rule that there was not, in law (...) any territory without a master; while there might exist many regions which had never been occupied by the Spaniards and many unexplored or inhabited by non-civilized aborigines, these regions were reputed to belong in law to which ever of the Republics succeeded to the Spanish Province to which these territories were attached by virtue of the old Royal Ordinances of the Spanish mother country. (...) This principle excluded the attempts of European colonizing states on territories which they might have tried to proclaim *res nullius*." (Zit. nach Jiménez De Aréchaga, 1992: S. 451)

Probleme

Die Anwendung dieser *uti possidetis*-Regel, also die Beibehaltung der Grenzen ehemaliger Kolonialgebiete, war in Lateinamerika mit einigen Problemen verbunden: Einerseits gestaltete sich die Grenzziehung in un- bzw. sehr schlecht erforschten Gebieten extrem schwierig. Solche Gebiete gab es jedoch etliche, da die Kolonialmächte in der Regel nicht an einer ausführlichen Erforschung der sich weit erstreckenden Urwälder interessiert waren. Somit war oftmals schlichtweg nicht klar, wo eine Grenze zwischen zwei Gebieten verläuft. Doch auch, wenn klar war, wo die jeweilige Grenze verläuft stellte sich im spanischen Teil Lateinamerikas die Frage, welche kolonialen Verwaltungsgrenzen für die neuen Staaten ausschlaggebend sind (s.o. „Hintergrund"). Diese Frage wurde sehr uneinheitlich beantwortet, sodass die heutigen lateinamerikanischen Staaten als Nachfolgestaaten unterschiedlichster spanischer Verwaltungseinheiten angesehen werden können. Schließlich war ein weiteres Problem für die einheitliche Anwendung eines *uti possidetis*-Grundsatzes für ganz Lateinamerika die Tatsache, dass sich Brasilien als ehemalige portugiesische Kolonie nicht an die Grundsätze der ehemaligen spanischen Gebiete gebunden fühlt, ebenso die Kolonien anderer europäischer Mächte wie z.B. das britische Guyana. Dies führte zu einer Ausdifferenzierung des lateinamerikanischen *uti possidetis,* die im Folgenden knapp aufgezeigt werden sollen.

Unterschiede im lateinamerikanischen *uti possidetis*

Einerseits wird unterschieden zwischen *uti possidetis juris* und *uti possidetis de facto:*
Uti possidetis juris besagt, dass für Gebietsansprüche offizielle Dokumente wie Verträge, Urkunden oder Karten entscheidend sind. Diese Sichtweise wird von den ehemaligen spanischen Staaten vertreten, insofern kann von einem partikulären Völkerrechtssatz des *uti possidetis juris* gesprochen werden, dessen Bindung sich auf alle ehemaligen spanischen Kolonien in Lateinamerika erstreckt (Vgl. Simmler, 1999: S. 78f.). Dagegen sieht sich Brasilien nicht an Dokumente aus der Kolonialzeit gebunden, sondern erachtet ausschließlich die tatsächliche faktische Herrschaftsausübung als entscheidend. Diese Ansicht wird als *uti possidetis de facto* oder auch *brasilianisches uti possidetis* bezeichnet. Sie führte unter Anderem dazu, dass Brasilien sein Staatsgebiet nach Erreichen der Unabhängigkeit durch Okkupation freier Gebiete sowie vereinzelt auch durch gewaltsame Annexion erweiterte (Zit. nach Jiménez De Aréchaga, 1992: S. 451). Das heute insbesondere durch die UN-Charta allgemein anerkannte Gewaltverbot macht diese Art des *uti possidetis* als eine Anerkennung von Gebietstiteln durch Okkupation und Annexion praktisch hinfällig.

Daneben gab es unterschiedliche Auffassungen, zu welchem Zeitpunkt die Grenzen existiert haben müssen, um durch *uti possidetis* beibehalten zu werden. Im Wesentlichen wird hierbei unterschieden zwischen *uti possidetis 1810* für die meisten südamerikanischen Staaten, da zu diesem Zeitpunkt die Kämpfe gegen die Kolonialmacht auf ihrem Höhepunkt waren (Beginn der Kämpfe: 1806 in Venezuela, Ende 1824) sowie *uti possidetis 1821* für die meisten mittelamerikanischen Staaten, da dort die Unabhängig-keitskämpfe erst später statt fanden.

b) Afrika

Auch die Dekolonisation Afrikas erfolgte in weiten Teilen dem *uti possidetis*-Grundsatz. Dieser Vorgang soll im folgenden näher betrachtet werden.

Hintergrund

Die Grenzziehung durch europäische Kolonialmächte in Afrika erfolgte praktisch ohne Beachtung ethnischer Gesichtspunkte, sodass die Kolonial-Staaten unzählige Ethnien entweder zusammenfassten oder trennten. Der regelrechte Wettlauf um Gebiete im Endstadium der Kolonialisierung Afrikas führte dazu, dass die Grenzen sehr hastig und zum größten Teil am Reißbrett entworfen wurden. Zusätzlich zur Nichtbeachtung eth-nischer Aspekte wurden auch landschaftliche Gegebenheit bei der Grenzziehung kaum beachtet: Die Grenzlinien folgen zu 44% Längen- und Breitengraden, zu 30% der An-wendung geometrischer Mittel wie rechter Winkel und Kreisradien und lediglich 26% der Grenzen sind sogenannte natürliche Grenzen, die z.B. entlang von Flüssen oder Gebirgszügen verlaufen. (Vgl. Simmler, 1999: S. 82). Durch verbesserte technische Möglichkeiten ist die Grenzziehung zwar genauer als in Lateinamerika, dennoch exi-stieren auch in Afrika Probleme bei der Bestimmung der Grenzverläufe, die sich aus der Unwirtlichkeit des Geländes sowie der oftmals ungenauen Abgrenzung einzelner Kolonialbereiche voneinander ergeben.

Theorien zum Umgang mit Staatsgrenzen

In Afrika herrschten im Wesentlichen drei unterschiedliche Theorien zur Grenzziehung im unabhängigen Afrika vor:

- Pan-Afrikanismus: Die von den Kolonialherren gezogenen Grenzen werden als nicht tragbar angesehen, da sie ethnische, geschichtliche und sonstige lokale Belange missachten sowie der betroffenen Bevölkerung bei der Grenzziehung kein Mitspra-cherecht eingeräumt wurde.

- Erhalt des *status quo*: Viele führenden Staatsmänner der unabhängigen Staaten ge-hen davon aus, dass eine Veränderung der Grenzen große Probleme hervorrufen würde und deshalb eine Beibehaltung der existierenden Grenzen anzustreben sei, obwohl diese ohne Rücksicht auf lokale Gegebenheiten gezogen wurden. Der liberi-sche Minister Grimes formuliert dieses Ziel auf der Konferenz Unabhängiger Staaten in Addis Abeba im Juni 1960 folgendermaßen:

  „It is quite true that the existing boundaries in Africa were made without ethnic, tribal or economic consideration by the colonial powers. Nevertheless, it is also true that these boundaries have existed over a long period of time and it would be more difficult to change them without raising more problems than would be solved by such change. In some cases it may not be possible to change them without ill-will, bitterness and perhaps internecine conflicts, which will do us no good in Africa and perhaps cause irreparable harm.

  The Liberian Government suggests that the African States agree to the principle of generally accepting the present boundaries after the various countries become independent as the boundaries between their respective states." (Touval, 1972: S. 65)

- Neuziehung der Grenzen auf ethnischer Grundlage (Sonderfall Marokko: historische statt ethnischer Verbundenheit soll Grundlage für einen Einheitsstaat sein)

(Staaten-)praxis
In den meisten Fällen der Dekolonisation in Afrika werden die kolonialen Grenzen beibehalten. Grenzschwierigkeiten sind meist auf nicht bzw. unklar bestimmte Grenzen zurückzuführen. Damit findet der Grundsatz des *uti possidetis* in der Dekolonisierung Afrikas bei der Mehrzahl der Staaten Anwendung. Lediglich im Konflikt um das Gebiet Westsahara findet eine tatsächliche Abweichung von der kolonialen Grenzziehung statt, die nicht auf Schwierigkeiten bei der Bestimmung der Grenzlinie beruht. Hierbei handelt es sich jedoch um eine Sondersituation, da Spanien als Kolonialherr mit den bereits unabhängigen Staaten Marokko und Mauretanien ein Abkommen über die Teilung des Gebiets Westsahara trifft und das Gebiet deshalb nicht als Einheit in die Unabhängigkeit entlässt.

Rechtsüberzeugung
Im Gegensatz zu Lateinamerika wird in Afrika mit der Organisation of African Unity (OAU) relativ schnell eine Organisation gegründet, um die Interessen der unabhängigen Staaten gegenüber nicht-afrikanischen Staaten, insbesondere den ehemaligen Kolonien, wirksamer vertreten zu können. In ihrer Kairo-Resolution vom 21. Juli 1964 erklären alle OAU-Mitgliedstaaten, diejenigen Grenzen anzuerkennen, die zum Zeitpunkt des Erreichens der Unabhängigkeit existieren, was einer Anerkennung des *uti possidetis* Grundsatzes gleichkommt. Diese Charta stellt zwar kein bindendes Völkerrecht dar, kann jedoch als Formulierung der Rechtsüberzeugung ihrer Mitgliedstaaten angesehen werden. Problematisch hierbei ist jedoch die Tatsache, dass Marokko durch die teilweise Besetzung der West-Sahara dem Grundsatz widerspricht, die Grenzen aus der Kolonialzeit anzuerkennen. (Die Einigung mit Algerien und Mauretanien 1991 bringt Marokko dazu, die Opposition aufzugeben und den Standpunkt unverletzlicher kolonialer Grenzen mitzutragen.) Ebenso akzeptiert Somalia die Kairo-Resolution nicht, da es mit Bezug auf das Selbstbestimmungsrecht der Völker Anspruch auf Teile Kenias und Äthiopiens erhebt. (Vgl. Simmler, 1999: S. 108f.)

Uti possidetis als afrikanisches Völkergewohnheitsrecht
Die für die Bildung von Völkergewohnheitsrecht notwendigen Elemente der Staatenpraxis und der Rechtsauffassung sind nachweisbar. Demnach hat sich ein Satz partikulären Völkergewohnheitsrechts gebildet mit dem Inhalt, dass „die von den Kolonialmächten gezogenen Grenzen, soweit sie n ihrer theoretischen und praktischen Existenz bestimmbar sind, zu den internationalen Grenzen der Kolonialgebiete in dem Zeitpunkt erstarken, in dem diese Gebiete ihre Unabhängigkeit erlangen" (Simmler, 1999: S. 108). Die Grenzen sind nicht unverrückbar, sondern können angesichts der Handlungsfreiheit der Staaten als Völkerrechtssubjekte grundsätzlich jederzeit friedlich verändert werden. Die Regel kann als gültig für ganz Afrika angesehen werden, da ihr alle afrikanischen Staaten (mit gewisser Einschränkung im Falle Somalias) zugestimmt haben, aktiv oder konkludent. Obwohl die Staaten nicht qua ihrer Zugehörigkeit zum afrikanischen Kontinent an diese Regel gebunden sind, sondern durch ihre Zustimmung, kann von einem „Satz afrikanischen Völkergewohnheitsrechts" (Ebd.: S.

109) gesprochen werden, da alle afrikanischen Staaten an ihn gebunden sind. Dieser Satz wird weithin mit dem Schlagwort *uti possidetis* belegt.

Eine andere, die Existenz einer *uti possidetis*-Regel ebenfalls bestätigende, Ansicht vertritt der Internationale Gerichtshof. Im Grenzstreit zwischen Burkina Faso und Mali wird der OAU-Resolution nur Erklärungs-Charakter, keine rechtliche Bindung, zugeschrieben. In seinem Urteil bezeichnet die IGH die Resolution jedoch als Bestätigung eines existierenden generellen „principle of law" *uti possidetis* (Vgl. Wooldridge, 2000: S. 1260).

Vergleich zwischen lateinamerikanischem und afrikanischem *uti possidetis*

Das afrikanische *uti possidetis* lässt sich als eine Art Weiterentwicklung des lateinamerikanischen *uti possidetis juris* sehen. Beiden Konzepten ist das Ziel gemein, durch die Festschreibung kolonialer Grenzen Grenzkonflikte zwischen unabhängig gewordenen Staaten zu vermeiden und, falls dies nicht möglich ist, zumindest eine friedliche Grenzregelung auf dem Verhandlungswege anzustreben (Vgl. Prescott, 1990: S. 102). Unterschiede zwischen den beiden Konzepten existieren in zweierlei Hinsicht:

Einerseits unterscheidet sich ihr Anwendungsbereich: *Uti possidetis juris* bezieht sich ausschließlich auf Rechtsakte des spanischen Monarchen als rechtliche Grundlage für die Grenzziehung beziehт und fand deshalb keine Zustimmung Brasiliens sowie anderer nicht-spanischer Gebiete in Lateinamerika (Vgl. Simmler, 1999: S. 130). Das afrikanische *uti possidetis* dagegen ist weiter angelegt. Zwar sind auch hier die Akte der ehemaligen Kolonialmacht bezüglich der Grenzziehung von Bedeutung. Darüber hinaus werden jedoch auch andere Abmachungen und Verträge, sowie gewisse Formen der Okkupation miteinbezogen. Damit wird eine Beanspruchung von „rechtlichen" Gebietstiteln verhindert, die nie effektiv okkupiert und verwaltet wurden wie es in Lateinamerika oftmals der Fall war. (Vgl. Ebd.: S. 131f.)

Der andere Unterschied zwischen den beiden Konzepten findet sich in ihrem Rechtscharakter: Während beim afrikanischen *uti possidetis* (Staaten-)praxis und Rechtsüberzeugung für die Existenz eines partikulären Völkergewohnheitsrechts sprechen, handelt es sich beim *uti possidetis juris* als einem lediglich vom *consensus* getragenen Prinzip um eine Vorstufe von Völkergewohnheitsrecht, da der weit verbreiteten Rechtsüberzeugung der lateinamerikanischen Staaten eine unterstützende weit verbreitete Staatenpraxis fehlt (Vgl. Ebd: S. 133).

Konflikt mit dem Selbstbestimmungsrecht der Völker

Auch nach der Unabhängigkeit treten in Afrika eine Vielzahl an Grenzkonflikten auf. Dabei handelt es sich insbesondere um Sezessionsbestrebungen, die gegen die territoriale Einheit der Staaten gerichtet sind (Vgl. Simmler, 1999: S. 117). Hierbei stellt sich die Frage, ob die „afrikanischen Staaten in diesen Grenzkonflikten, die nicht mehr direkt mit der Phase der Dekolonisierung verbunden sind, am Prinzip des *uti possidetis* festhalten" (Ebd.: S. 118) oder ob Sezessionsbestrebungen durch das völkerrechtlich relativ junge Selbstbestimmungsrecht der Völker gedeckt werden. Die große Mehrzahl der nachkolonialen Grenzstreitigkeiten lassen sich so deuten, dass das „afrikanische *uti possidetis* über die direkten Dekolonisierungsfälle hinaus als Grenzregelungsmaxime Anwendung findet." (Ebd.: S. 126) Simmler fasst das Verhältnis von *uti possidetis* und Selbstbestimmungsrecht der Völker in Afrika folgendermaßen zusammen:

> „Die nachkoloniale Praxis und Rechtsüberzeugung der afrikanischen Staaten geht [...] dahin, das Prinzip der Unverletzlichkeit kolonialer Grenzen, das afrikanische *uti possidetis*, fortzuschreiben und das Selbstbestimmungsrecht der Völker in seiner engen Dekolonisierungsausprägung zu verstehen. [...] Auch die Sezession Eritreas

ist in dieser Hinsicht kein Ausnahmefall, da sich das Volk Eritreas wiederum nach gefestigter Dekolonisierungstradition territorial bestimmt[1]" (Ebd.: S. 128).

c) Asien

Auch in Asien[2] unterhielten die europäischen Mächte etliche Kolonien. Die Dekolonisation in Asien verläuft weitestgehend nach dem *uti-possidetis*-Konzept, einerseits werden die äußeren Grenzen der Kolonien gemäß dem Kontinuitätsgrundsatz nicht angerührt, sondern existieren als Grenzen der unabhängigen Staaten fort. Außerdem werden bei einer Trennung von großen, zusammenhängen Kolonialgebieten in mehrere unabhängige Staaten in der Regel ehemals interne administrative Grenzen in Staatsgrenzen der neu entstehenden Staaten übergeführt. Dies findet zwar in deutlich geringerem Maße statt als in Afrika, da in Asien deutlich weniger große zusammenhängende Kolonialgebiete einzelner Kolonialherren existieren. In den vergleichsweise wenigen Fällen halten die Neustaaten jedoch an den vom Kolonialherren gegebenen administrativen Grenzen fest. Dieser Gedanke wird weder ausdrücklich – wie in Afrika geschehen – als Rechtssatz formuliert, noch wird er mit dem Schlagwort *uti possidetis* versehen. Sowohl Praxis als auch Rechtsüberzeugung sprechen jedoch für die Existenz eines Völkergewohnheitsrechtssatzes. Der Grund hierfür ist, dass die asiatischen Staaten kaum auf ethnischen, geschichtlichen oder religiösen Zusammenhang zurückgreifen können. Vor diesem Hintergrund kommt den Territorialnationen, deren einziges (oder zumindest vorwiegendes) Verbindungsmoment das Staatsgebiet darstellt, eine große Bedeutung zu (Vgl. Simmler, 1999: S. 179).

d) Naher Osten

Die Staaten des Nahen Osten unterscheiden sich in ihrer Geschichte erheblich von den asiatischen Staaten: Durch die große Macht des Osmanischen Reiches, das im 16. Jahrhundert zu seiner größten Ausdehnung gelangt, bleibt der Nahe Osten weitestgehend von der europäischen Kolonisation. Dennoch erlangen Frankreich und Großbritannien ab dem 19. Jahrhundert, als das Osmanische Reich mit Zerfallserscheinungen zu kämpfen, großen Einfluss in der Region. Dies machen sie nicht in der „herkömmlichen" Form von Kolonien, sondern über das im Völkerbund neu geschaffene Instrument des Mandatsgebiets. Ziel dieses Mandatswesens soll sein, die Mandatsgebiete mit der Zeit zu selbstständigen Staaten zu machen. (Vgl. Crawford, 1979: S. 337) Somit traten die meisten arabischen Staaten nicht unmittelbar nach dem Zusammenbruch der Zentralgewalt in den Status der Unabhängigkeit; ihre „Staatswerdung [wurde] durch die Interessen der europäischen Mächte Frankreich und Großbritannien geleitet" (Simmler, 1999: S. 184).

Ebenso wie in Asien beriefen sich die Staaten des Nahen Ostens bei der Erlangung ihrer Unabhängigkeit im 20. Jahrhundert nicht explizit auf eine *uti possidetis*-Regel. Dennoch finden sich auch hier beide Elemente des *uti possidetis* in Bezug auf Dekolonisation, sowohl der Kontinuitätsgrundsatz bezüglich äußerer Grenzen als auch das *„uti possidetis* im engeren Sinn, das Festhalten an von einer fremden Macht gezogenen administrativen Grenzen" (Ebd.: S. 209).

---

[1] Eritrea hatte sich 1991 von Äthiopien abgespalten. Dies ist jedoch nicht als Sezession zu verstehen, sondern vielmehr als Dekolonisierung, da Äthiopien sich Eritrea nicht mehr als autonomen, sondern als integralen Bestandteil einverleibt. (Vgl. Shaw, 1986: S. 212)
[2] Die Staaten des Nahen Ostens, also die arabische Halbinsel, die Türkei, Syrien, Irak, Israel, Libanon und Jordanien werden in Abschnitt „Asien" nicht behandelt, sondern anschließend in sehr knapper Form unter „Naher Osten"

4) *Uti possidetis* in Europa nach 1989: Der Jugoslawien-Konflikt

Hintergrund

Nachdem im Jahr 1989 die Klammer des Kommunismus als einer blockbildenden Ideologie im Osten und Südosten Europas wegfiel kommt es dort zu großen territorialen Veränderungen. Ebenso wie die UdSSR und die Tschechoslowakei zerbricht auch Jugoslawien. Im Gegensatz zum vergleichsweise friedlichen Zerfall von UdSSR und der Tschechoslowakei brachte der Zerfall des Vielvölkerstaates Jugoslawien deutlich größere Probleme mit sich, die sogenannten Jugoslawien-Kriege. Wegen der geographischen Nähe stark betroffene europäische Staaten übten in den Konflikten um Grenzziehungen großen Einfluss aus. Insbesondere mithilfe der Badinter-Kommission versuchten sie dabei, einen einheitlichen Umgang mit ehemaligen Binnengrenzen zu erreichen.

Diese Kommission beruft sich in ihrem Gutachten Nr. 3 vom 11. Januar 1992 (Einzusehen z.B. bei Pellet, 1992: S. 178) auf die Entscheidung des IGH im Grenzkonflikt zwischen Burkina Faso und Mali und bezeichnet dementsprechend *uti possidetis* als ein „general principle of law", das für alle beteiligten Staaten bindend sei:

„The Committee therefore takes the view that once the process in the SFRY leads to the creation of one or more independent states, the issue of frontiers, in particular those of the Republics referred to in the question before it, must be resolved in accordance with the following principles:

(...)*Third - Except where otherwise agreed, the former boundaries become frontiers protected by international law. This conclusion follows from the principle of respect for the territorial status quo and, in particular, from the principle of uti possidetis. Uti possidetis, though initially applied in settling decolonisation issues in America and Africa, is today recognized as a general principle, as stated by the International Court of Justice in its Judgment of 22 December 1986 in the case between Burkina Fase and Mali"* (Zit. nach: Pellet, 1992: S. 185)

(Staaten-)praxis

Die europäischen Staaten verfolgten sowohl im Jugoslawien- als auch im Tschetschenien-Konflikt die Strategie, jeglichen Sezessionsbestrebungen möglichst entgegen zu wirken. Dies lässt sich als Handeln nach einem *uti possidetis*-Grundsatz deuten, da existierende Grenzen auch nach Zusammenbruch des zugehörigen Staates aufrecht erhalten werden. Insbesondere der Versuch, das „vom Bürgerkrieg zwischen seinen konstituierenden ethnischen Elementen zerrissene Bosnien-Herzegowina zu erhalten und allen Teilungsplänen Widerstand entgegenzusetzen, macht deutlich, dass den ehemaligen administrativen Grenzen notfalls gegen den Willen der größten Teile der Bevölkerung Geltung verliehen" (Simmler, 1999: S. 291) wurde. Die Haltung der europäischen Staaten gegenüber den ehemaligen jugoslawischen und sowjetischen Teilrepubliken fasst Simmler folgendermaßen zusammen:

> „Die Republiken werden in ihren noch von der ehemaligen Zentralregierung bestimmten Grenzen als unabhängig akzeptiert, wenn auch mit der endgültigen völkerrechtlichen Anerkennung teilweise gezögert wird. Den ethnischen Minderheiten bzw. den einzelnen ethnischen Bestandteilen des Staatsvolkes wird kein Sezessionsrecht zugestanden. Sie können weder für die Unabhängigkeit noch führ den Anschluss an die ihnen entsprechende ‚Nationalrepublik' optieren." (Ebd.: S. 291f.)

Rechtsauffassung

Die Badinter-Kommission spiegelt weitestgehend die Rechtsauffassung der europäischen Staaten und sich ihnen anschließend auch der Mitgliedstaaten der Vereinten Nationen, die ihre Auffassung weitestgehend der Europäischen Gemeinschaft angleichen, wider. Demnach wird *uti possidetis* als ein universell geltendes Prinzip gesehen, dem sie ihn ihren Deklarationen und ihrem Handeln rechtlich verbindlichen Charakter zugestehen. Der Hintergrund ist die Tatsache, dass die neuen Staaten Territorialnationen sind und als solche keine gefestigte Identität haben. Lediglich ein Erhalt der Grenzziehung, so die Auffassung, kann diese Identität festigen (Vgl. Simmler, 1999: S. 292).

Von partikulärem zu allgemeinem Völkergewohnheitsrecht

Dieses *uti possidetis,* also die Beibehaltung administrativer Grenzen als internationale Grenzen nach Erlangung der Unabhängigkeit durch einen Staat bzw. eine Staatengruppe, wird von Staaten aller Regionen und sozio-ökonomischer Systeme anerkannt. Diese allgemeine Rechtsauffassung führt zu dem Schluss, dass *uti possidetis* durch die Ereignisse in Europa nach 1989 Teil des universellen Völkergewohnheitsrechts geworden ist (Vgl. Ebd.: S. 293). Der Inhalt dieser Norm lässt sich folgendermaßen zusammenfassen:

> „Entstehen auf dem Gebiet einer Zentralmacht mehrere Neustaaten als Territorialnationen, folgen ihre gegenseitigen Grenzen den zum Zeitpunkt der Unabhängigkeit bestehenden administrativen Grenzen, so wie sie von der Zentralmacht gezogen wurden" (Ebd.).

5) Fazit

Dieses Referat konnte die Frage, welchen Rechtscharakter der Grundsatz besitzt, der gemeinhin mit dem Begriff *uti possidetis* belegt wird, nicht zweifelsfrei klären. Folgende Punkte lassen sich jedoch festhalten:

- Existierende Staatsgrenzen werden bei Entstehung neuer Staaten generell aufrechterhalten. In den hier betrachteten Fällen handelt es sich dabei um ehemalige Kolonien oder anderweitig fremdbestimmte Staaten, die ihre Unabhängigkeit erlangen sowie um zerfallende Großstaaten. Diese Praxis lässt sich als *uti possidetis im weiteren Sinn* bezeichnen.
- Die internationalen Staatengemeinschaft präferiert generell die Aufrechterhaltung des Territorialgebietes ehemaliger Staaten. Aufsplittungen (sowohl Sezessionen, als auch Dismembrationen[3]), insbesondere von ehemaligen Großmächten, fanden in der Vielzahl der betrachteten Fälle entlang ehemaliger innerstaatlicher administrativer Grenzen statt. Diese Aufrechterhaltung lässt sich als *uti possidetis im engeren Sinn* bezeichnen.
- Die Dekolonisation Afrikas hat das lateinamerikanische *uti possidetis* in gewisser Art und Weise weiterentwickelt zu einem Satz partikulären Völkergewohnheitsrechts. Dieses wurde anschließend auch auf anderen Kontinenten sowie in anderen Situationen als der Dekolonisation angewendet. Insofern lässt sich die These aufstellen, *uti possidetis* habe sich von partikulärem zu universellem Völkergewohnheitsrecht entwickelt.
- Wesentliches Ziel des *uti possidetis*-Gedankens ist die Sicherung der Stabilität junger Staaten. Dieses Ziel wurde in vielen Fällen erreicht, kann jedoch als ge-

---

[3] Sezession beschreibt die Herauslösung einzelner Teile aus einem Staat (z.B. Trennung der Südstaaten von den USA und Gründung der Konföderierten Staaten), Dismembration den Zerfall eines Staates in zwei oder mehrere Teile (z.B. Zerfall Jugoslawiens).

wisser Widerspruch zum Selbstbestimmungsrecht der Völker gesehen werden, je nachdem ob von diesem auf ein Recht auf Sezessionen geschlossen wird.

Literatur

Bleckmann, Albert (1982): *Grundprobleme und Methoden des Völkerrechts.* Freiburg [u.a.]: Alber (Kolleg Rechtstheorie : Sonderband 1).

Crawford, James (1979): *The Creation Of States In International Law.* 1. Aufl. Oxford: Clarendon Press.

Hall, William (1924): *A treatise on international law,* 8. Aufl. Oxford: Clarendon Press.

Jiménez De Aréchaga, Eduardo (1992): „Boundaries in Latin America: Uti Possidetis Doctrine". In: Bernhard, Rudolf (Hrsg.): *Encylopedia of public international law Vol.1: Aalands Islands to Dumbarton Oaks Conference (1944).* Amsterdam: North Holland.

Pellet, Alain (1992): „The Opinions of the Badinter Arbitration Committee - A Second Breath for the Self-Determination of Peoples". *European Journal of International Law.*

Prescott, J. (1990): *Political Frontiers and Boundaries.* London: Routledge.

Schachter, Oscar (1991): *International law in theory and practice.* Boston: Martinus Nijhoff Publishers.

Shaw, Malcolm N (1986): *Title to Territory in Africa International Legal Issues: international legal issues.* Oxford [u.a.]: Clarendon Press.

Simmler, Christiane (1999): *Das Uti-possidetis-Prinzip: zur Grenzziehung zwischen neu entstandenen Staaten* (Schriften zum Völkerrecht 134). Berlin: Duncker und Humblot.

Touval, Saadia (1972): *The boundary politics of independent Africa.* Cambridge, Mass.,: Harvard University Press.

Weber, Michael (1999): *"Uti possidetis iuris" als allgemeines Rechtsprinzip im Völkerrecht: Überlegungen zum Verhältnis von "uti possidetis", Selbstbestimmungsrecht der Völker und Effektivitätsprinzip.* Göttingen: Georg-August-Universität.

Wooldridge, Frank (2000): „Uti Possidetis Doctrine". In: Bernhardt, Rudolf (Hrsg.): *Encylopedia of public international law Vol. 4: Quirin, ex parte to zones of peace.* Amsterdam [u.a.]: North Holland.